Die wichtigsten Shortcuts - Tastaturbefehle für schnelleres Arbeiten am PC (Windows-Version)

Die besten Tastenkombinationen, Sonderzeichen und Emoticons für Windows- und Office-Anwendungen

1.2.1 erweiterte Ausgabe

Von Wilfred Lindo

I0477971

Impressum

Die wichtigsten Shortcuts - Tastaturbefehle für schnelleres Arbeiten am PC (Windows-Version)

Die besten Tastenkombinationen, Sonderzeichen und Emoticons für Windows- und Office-Anwendungen

von Wilfred Lindo

Der vorliegende Titel wurde mit großer Sorgfalt erstellt. Dennoch können Fehler nicht vollkommen ausgeschlossen werden. Der Autor und das Team von **www.shortcuts24.de** übernehmen daher keine juristische Verantwortung und keinerlei Haftung für Schäden, die aus der Benutzung dieses E-Books oder Teilen davon entstehen. Insbesondere sind der Autor und das Team von **www.shortcuts24.de** nicht verpflichtet, Folge- oder mittelbare Schäden zu ersetzen.

Alle Warennamen werden ohne Gewährleistung der freien Verwendbarkeit benutzt und sind möglicherweise eingetragene Warenzeichen. Der Verlag richtet sich im Wesentlichen nach den Schreibweisen der Hersteller.

Cover-Foto: © Pixabay.com / Redaktionsbüro Lindo

Produktion und -Distribution

Redaktionsbüro Lindo

NEU: Die Seite zu smarten Lösungen: www.shortcuts24.de

Scan mich! Weitere Ratgeber, die ebenfalls für Sie interessant sind!

ISBN: **9781980829140**

Imprint: Independently published

Updates für dieses Buch

Die Zahl der Tastenkombinationen ist unerschöpflich. Sicherlich werden wir in den nächsten Tagen und Wochen noch weitere Shortcuts entdecken. Wir halten Sie natürlich auf dem Laufenden, so dass wir die Inhalte in regelmäßigen Abständen aktualisieren.

Auch wenn Amazon für diese Fälle eine spezielle automatische Aktualisierung der Inhalte bietet, kann es teilweise bis zu sechs Wochen dauern, bis ein einzelner Titel automatisch aktualisiert wird und somit die Leser die neuen Inhalte auch erhalten.

Dies beansprucht immer viel Zeit. Alternativ können Sie, sofern Ihnen bekannt ist, dass es ein **Update zu diesem eBook** gibt, den Support von Amazon per Mail anschreiben. Ihnen wird dann das Update dieses Buches manuell eingespielt. Dies geschieht meist innerhalb von24 Stunden.

eBook Update: Shortcuts – die wichtigen Shortcuts

Daher tragen Sie sich einfach auf folgender Webseite (**ebookstars.de/ebook-update-shortcuts-windows**) ein, die wir für unsere Kunden und Leser eingerichtet haben.

Wir verständigen Sie per E-Mail zeitnah, wenn eine aktuelle Überarbeitung der Inhalte vorliegt. So müssen Sie nicht wochenlang auf ein automatisches Update von Amazon warten. Oder scannen Sie den notwendigen Link per QR-Code direkt ein. **Scan mich**!

Inhaltsverzeichnis

Idee dieses Buches

Insider wissen es längst! Richtig schnell lässt sich jedes Programm erst mit den passenden Shortcuts oder Tastaturbefehlen steuern. Jede moderne Software kann trotz Maus-Anbindung oder Touchscreen wesentlich schneller per Tastatur betätigt werden. Selbst für die verstecktesten Funktionen gibt es eine passende Tastaturkombination. Das Besondere dabei ist, dass die meisten Shortcuts kaum bekannt sind.

Selbst wenn einmal die Maus ausfällt, kann die betreffende Software mittels der richtigen Tastaturkombination mühelos genutzt werden. Und in den meisten Fällen auch deutlich schneller. Daher haben Profis die passenden Shortcuts immer zur Hand.

Daher haben wir alle relevanten Shortcuts für Microsoft Windows, die bekannte Textverarbeitung Word, die Tabellenkalkulation Excel und für weitere Anwendungen zusammengestellt. Fast jeder Anwender eines Windows-PCs arbeitet fast täglich mit einem dieser Programme.

Darüber hinaus kann der erfahrene Anwender auch auf spezielle Sonderzeichen zugreifen, die im Normalfall überhaupt nicht auf einer klassischen Tastatur abgebildet sind. Wir zeigen Ihnen, wie dies mühelos gelingt.

Herausgekommen ist dabei eine nützliche Arbeitshilfe, die jedem Anwender, der sich ausgiebig mit Word beschäftigt, weiterhilft. Für Vielschreiber und Autoren ist eine Übersicht aller Tastaturkürzel und Sonderzeichen unerlässlich und gehört als Grundausstattung zu jedem Rechner.

Natürlich sind wir weiterhin auf der Suche nach interessanten Tastenkombinationen, die jedem Anwender einen echten Nutzen bieten. So wird dieses Buch in regelmäßigen Abständen aktualisiert, um immer auf dem neuesten Stand zu bleiben. Nutzen Sie dazu auch unseren **Update-Service**.

Viel Erfolg und Spaß wünscht Ihnen

Wilfred Lindo

Schneller arbeiten mit den wichtigen Tastenkombinationen

Es gibt unzählige Bezeichnungen für sogenannte Tastenkombinationen oder Shortcuts. Sie werden im Internet oder in der Literatur auch als Tastaturbefehle, Tastenkürzel, Tastensequenzen oder Hotkeys bezeichnet. Doch hinter den verschiedenen Begriffen steckt immer die gleiche Idee. Der Nutzer will möglichst schnell bei einem Computerprogramm die gewünschte Funktion aufrufen. Und dies über die angeschlossene Tastatur.

Abb.: Die klassische QWERTY-Tastaturbelegung

In Zeiten von Smartphone und Tablets schien lange Zeit die Ära der klassischen Tastatur zu Ende zu gehen. Doch wer größere Texte am Rechner verfassen will, greift zwangsläufig auf eine traditionelle Tastatur zurück. Selbst mobile Geräte lassen die zusätzliche Anbindung einer Tastatur problemlos zu.

Die klassische Schnittstelle zwischen Mensch und Maschine

Grundsätzlich ist die klassische Tastatur die älteste Schnittstelle zwischen „Mensch und Maschine". Die ersten Rechner waren noch weit entfernt von grafischen Oberflächen mit Symbolen und Ikons. Die ersten Computer waren mit einer Tastatur ausgestattet, die der ehrwürdigen Schreibmaschine entliehen war. So wurden auch die Grundfunktion und die Tastenanordnung einfach übernommen. Diese hat sich bis heute nicht geändert. Zur Ehrenrettung muss allerdings auch erwähnt werden, dass sich bisher noch keine wirklich bessere Lösung durchgesetzt hat. Vielleicht bringt die Sprachsteuerung den Durchbruch. Doch auch hier scheint bei der Eingabe von größeren Textmengen der intelligente Sprachassistent schnell an seine Grenzen zu gelangen.

Abb.: Der Vorgänger der heutigen Computertastatur

Die Basis des Schreibens am Rechner bildet natürlich die standardisierte Anordnung der Tasten. Diese Vereinheitlichung sorgt dafür, dass jeder Anwender an jedem Rechner sofort schreiben kann. Unabhängig von dem verwendeten Computer und der darauf benutzten Software. Die Idee der einheitlichen Anordnung der Buchstaben und Sonderzeichen auf einer Tastatur ist bereits weit über 100 Jahre alt. Dabei standen zunächst nicht ergonomische Gesichtspunkte im Mittelpunkt. Vielmehr folgten die ersten Tastaturbelegungen mechanischen Regeln. Da die ersten Schreibmaschinen ausschließlich mit mechanischen Hebeln funktionierten, legten die Entwickler die am häufigsten benutzten Buchstaben möglichst weit auseinander, damit sich die einzelnen Mechaniken nicht berühren konnten.

Hinweis: Bei den ersten mechanischen Schreibmaschinen waren die einzelnen Tastenreihen versetzt angeordnet. Hier spielte die bessere Anordnung der einzelnen Typenhebel eine wichtige Rolle. Später wurde diese versetzte Anordnung auch auf elektrische Schreibmaschinen übernommen. Dies diente nur zur besseren Umgewöhnung der Anwender. Eine technische Notwendigkeit gab es nicht mehr. Mit der Einführung der Computertastatur wurde diese versetzte Anordnung ebenfalls beibehalten.

Die QWERTY-Tastaturbelegung

In der Folge wurden unterschiedliche Bestrebungen unternommen, die Anordnung der einzelnen Tasten weiter zu verbessern. Vor knapp 100 Jahren entstand die sogenannte QWERTY-Tastaturbelegung. Sie wurde in erster Linie für lateinische Sprachen entwickelt. Dabei steht QWERTZ, QWERTY oder AZERTY für die Anordnung der ersten Buchstaben in der oberen Buchstabenreihe.

Bei der Entwicklung dieses Layouts spielten ebenfalls keine ergonomischen Aspekte eine Rolle. Vielmehr wurde die Häufigkeit der Buchstabenfolgen in der englischen Sprache berücksichtigt. Im deutschsprachigen Raum wird entsprechend das QWERTZ-Layout eingesetzt. Dennoch hat sich dieses Tastatur-Layout mit den unterschiedlichen Varianten auf allen Computertastaturen durchgesetzt. Dies spiegelt sich auch in der deutschen Norm DIN 2137 wider. Hier ist die genaue Anordnung der Tasten festgelegt.

Effektives Schreiben mit Shortcuts

Wer gezielt Shortcuts regelmäßig bei der täglichen Arbeit einsetzt, kann die einzelnen Abläufe deutlich beschleunigen. Nicht immer ist der umständliche Weg über eine umfangreiche Menüstruktur der schnellere Weg. Hier sind einige Dinge, die Sie bei der Nutzung von Shortcuts beachten sollten.

- Zunächst müssen die einzelnen Shortcuts zu dem jeweiligen Programm bekannt sein. Wenn Sie erst langwierig nach der gewünschten Tastenkombination im Netz suchen müssen, dann hat sich der Einsatz schon erledigt.

- Halten Sie dieses Buch oder das entsprechende Taschenbuch immer griffbereit. Idealerweise sollten die relevanten Shortcuts immer in der Nähe des Computers liegen. So entfällt jegliches Suchen.

- Setzen Sie die einzelnen Shortcuts möglichst häufig ein. Die wichtigsten Tastenkombinationen prägen sich auf diesem Wege sehr schnell in das Gedächtnis ein. Mittelfristig können Sie dann auf ein Buch verzichten, wenn Sie alle Shortcuts direkt abrufen können.

- Verbessern Sie Ihre Schreibgeschwindigkeit an der Tastatur. Idealerweise beherrschen Sie das 10-Finger-Schreib-System. Nur so erreichen Sie eine wirklich hohe Geschwindigkeit bei der Eingabe an der Tastatur. Dies schlägt sich natürlich bei der Eingabe von Texten und Zahlen nieder. In Kombination mit den passenden Shortcuts lässt sich die Arbeit am Rechner nochmals steigern. In besten Fall erlernen Sie die Fähigkeit mit allen 10 Fingern am Computer zu schreiben.

- Wer häufig über eine Tastatur Daten in den Computer eingibt, sollte idealerweise die Position der einzelnen Zeichen und Tasten blind beherrschen. Es kostet immer sehr viel Zeit, wenn Sie die einzelnen Tasten langwierig suchen müssen. Hier hilft nur viel Übung.

- Unter den Einstellungen bei Windows gibt es einige Einstellungen, um die Eingabe über ihre Tastatur an ihre eigenen Bedürfnisse anzupassen. Dazu gehören beispielsweise eine Einrastfunktion, die Anpassung der Umschalttasten oder eine Anschlagverzögerung für die Tasteneingabe. Mit den passenden Einstellungen lässt sich im Einzelfall die Arbeit mit der Tastatur beschleunigen.

Shortcuts oder Tastenkombination

Als Tastenkombination oder auch als Shortcut wird das gleichzeitige oder nacheinander Drücken von mehreren Tasten auf einer Tastatur bezeichnet. Da schnell ersichtlich wurde, dass nur Tasten für Buchstaben, Zahlen und Satzzeichen nicht ausreichten, um alle denkbaren Funktionen auszurufen, wurden dazu spezielle Tasten eingeführt. Diese ergänzten dann die klassische Tastatur einer Schreibmaschine. So ergab sich eine große Anzahl von Tastenkombinationen, die zur Verfügung stand.

• **Return Taste**: Diese wird auch Enter- oder Eingabe Taste genannt. Sie entspricht der Wagenrücklauftaste der Schreibmaschine und wird meist als abschließende Taste bei der Eingabe verwendet.

• **Rück-Taste**: Sie wird auch als Rücklösch- oder Backspace Taste bezeichnet. Mit dieser Taste löschen Sie das Zeichen, das sich links von Ihrer Schreibmarke befindet.

• **Shift-Tasten**: Auch Umschalt-Tasten genannt. Das Betätigen dieser Tasten bewirkt die Groß- Kleinschreibung.

• **Caps-Lock-Taste**: Drücken Sie diese Taste, wird auf dauernde Großschreibung umgeschaltet. Ein neuerliches Drücken aktiviert wieder die Kleinschreibung. Für diese Taste gibt es eine eigene Statusanzeige, ein kleines Lämpchen, entweder direkt auf der Taste oder im oberen Bereich der Tastatur.

• **Control-Tasten**: Man bezeichnet sie auch als Steuerung- Tasten und sind auf der Tastatur als [Strg] oder [Ctrl] bezeichnet. Damit können Codes und Zeichen eingegeben werden, die sonst nicht verfügbar wären. Sie üben aber nur in Verbindung mit anderen Tasten eine Funktion aus – beispielsweise Strg+C.

• **Alt-Taste**: Ähnlich wie die Strg-Taste wird auch diese nur in Verbindung mit anderen Tasten aktiv.

- **Alt Gr-Taste**: Mit dieser Taste können Sie die Zeichen erzeugen, die in der rechten Ecke der einzelnen Tasten stehen, wie z. Bsp. @, €,\, [] usw.
- **Esc-Taste**: Mit Hilfe dieser speziellen Taste lassen einzelne Prozesse abbrechen und bestimmte Änderungen verwerfen.

Keinen Standard bei Shortcuts

Mit Hilfe dieser Sondertasten lassen sich auch komplexe Programme per Tastenkombination bedienen. Da die bekannten Softwareprogramme über eine Fülle von Einzelfunktionen verfügen, sind die heute bekannten Shortcuts enorm umfangreich und für den normalen Anwender kaum überschaubar. Glücklicherweise greifen viele Hersteller auf ähnliche Shortcuts zurück, wenn es um vergleichbare Funktionalitäten geht.

Dennoch gibt es bis heute keinen einheitlichen Standard für Tastenkombinationen, der auch für unterschiedliche Betriebssysteme gilt. Einige, wenige Hotkeys sind zwar auch bei unterschiedlichen Betriebssystemen verfügbar, diese beziehen sich allerdings nur auf einfache Funktionen. So existieren in den „Human Interface Guidelines" von Apple einige Empfehlungen für reservierte Shortcuts, die auch auf anderen Plattformen existieren, dennoch gibt es keinen übergreifenden Standard für Shortcuts. Eine vergleichbare Empfehlung stellt die Richtlinie *„Common User Access"* für die Windows-Welt dar. Auch hier gibt es einige Anhaltspunkte für die wesentlichen Tastenkombinationen.

Die besten Shortcuts

Auf den nächsten Seiten finden Sie die besten und interessantesten Shortcuts zu unterschiedlichen Programmen. Die einzelnen Shortcuts haben wir nach der jeweiligen Windows-Version unterteilt, dabei den unterschiedlichen Versionen teilweise Abweichungen bei den Tastenkombinationen gibt.

Globale Shortcuts

Diese Tastenkombinationen finden Sie fast in jeder Anwendung wieder. Diese Shortcuts haben sich als „Quasi-Standard" bei allen Anwendungen und Programmen durchgesetzt.

Shortcuts	Windows			Funktion
	7	8.1.	10	
[F1]	x	x	x	Aufruf der Hilfefunktion
[F3]	x	x	x	Interne Suche starten
[F5]	x	x	x	Aktualisieren des Bildschirms
[F6]	x	x	x	Springt zu verschiedenen Bildschirmelementen im aktivien Fester oder auf dem Desktop
[F8]	x	x	x	Während des Start-Vorgangs im abgesicherten Modus hochfahren
[F10]	x	x	x	Menü-Leiste aktivieren oder deaktivieren
[F11]	x	x	x	Vollbild-Modus (ideal bei einer Präsentation)
[ESC]	x	x	x	Abbruch des jeweiligen Vorganges
[Strg]+[Esc]	x	x	x	Das Startmenü von Windows aktivieren
[Strg]+[F4]	x	x	x	Das aktuelle Fenster wird geschlossen
[Strg]+[A]	x	x	x	Markieren des gesamten Inhalts oder Auswahl aller Elemente
[Strg]+[C]	x	x	x	Kopieren des markierten Inhalts (in die Zwischenablage)
[Strg]+[F]	x	x	x	Aufruf der Suchfunktion
[Strg]+[V]	x	x	x	Inhalt aus der Zwischenablage einfügen
[Strg]+[X]	x	x	x	Ausschneiden eines markierten Inhalts
[Strg]+[Z]	x	x	x	Rücknahme der letzten Aktion
[Strg]+[Pos1]	x	x	x	Sprung zum oberen Bereich des aktiven Fensters

Globale Shortcuts 2

Shortcuts	Windows			Funktion
	7	8.1.	10	
[Strg]+[Ende]	x	x	x	Sprung zum unteren Bereich des aktiven Fensters
[Entf]	x	x	x	Löschen des markierten Bereichs oder Löschen von Links nach Rechts
[Backspace]	x	x	x	Löschen des markierten Bereichs oder das Löschen von Rechts nach Links
[Alt]	x	x	x	Menü-Leiste aktivieren oder deaktivieren
[Alt]+[Esc]	x	x	x	Umspringen zwischen den Elementen in der Reihenfolge, in der sie geöffnet wurden
[Alt]+[Tab]	x	x	x	Wechsel zwischen den aktiven Anwendungen
[Alt]+[F4]	x	x	x	Beenden des aktiven Fensters oder Schließen des Programms
[Alt]+[Leertaste]	x	x	x	Aufruf des Kontextmenüs des aktiven Fensters
[Pfeiltasten]	x	x	x	Navigieren durch die aktive Anwendung
[Umschalt]+[F10]	x	x	x	Aufruf eines Kontextmenüs (alternativ zum rechten Mausklick)

Windows und die wichtigsten Shortcuts

Natürlich gibt besonders bei Windows eine große Anzahl an Tastenkombinationen. Zunächst haben wir eine Liste der interessantesten Keys in Kombination mit der Windows-Taste. Hier finden Sie die wichtigsten Shortcuts.

Shortcuts	Windows 7	8.1.	10		Funktion
[Windows]	x	x	x		Aufruf des Startmenüs von Windows. Curser in der Suchfunktion
[Windows]+[A]	–	–	x		Es wird das Info-Fenster (rechte Seite) geöffnet
[Windows]+[E]	x	x	x		Start des Windows-Explorers
[Windows]+[F]	x	x	–		Suche startet (nach Dateien und Ordnern)
[Windows]+[F]	–	–	x		Feedback Hub (Kontakt zu Microsoft) öffnet sich
[Windows]+[Strg]+[F]	x	x	x		Suche nach einem Computer
[Windows]+[I]	–	x	x		Aufruf der Windows-Einstellungen
[Windows]+[K]	–	x	x		Kommunikation mit anderen Geräten herstellen
[Windows]+[L]	x	x	x		Sperrung des Desktops. Neuanmeldung notwendig!
[Windows]+[O]	–	x	x		Abschalten der automatischen Drehens des Bildschirms
[Windows]+[P]	x	x	x		Erweiterung des Bildschirms auf andere Monitore (Auswahl)
[Windows]+[Q]	–	–	x		Aufruf von Cortana (Sprachassistent unter Windows)
[Windows]+[R]	x	x	x		Dialogfenster „Ausführen" öffnet sich
[Windows]+[S]	–	–	x		Aufruf des Eingabefeldes für die Suche (Contana)
[Windows]+[U]	x	x	–		Einstellungen zur erleichterten Bedienung von Windows (Systemsteuerung)
[Windows]+[W]	–	x	–		Suche in den Einstellungen
[Windows]+[W]	–	–	x	x	Windows-Ink-Arbeitsbereich öffnet sich. Ideal zur Bearbeitung mit dem Stift (Touchscreen)
[Windows]+[X]	–	x	x	x	Aufruf des Admin-Menüs

Windows und die wichtigsten Shortcuts 2

Shortcuts	Windows			Funktion
	7	8.1.	10	
[Windows]+				Schaltet Sidebar / Gadgets in den
[Leertaste]	x	–	–	Vordergrund
[Windows]+				Aufruf der verfügbaren Eingabesprachen
[Leertaste]	–	x	x	(Übersicht)
[Windows]+[Alt]+				
[Enter]	x	x	–	Start des Media-Center von Windows
				Öffnet Windows-Hilfe unter Bing
[Windows]+[F1]	x	x	x	(Windows 10)
[Windows]+[Pause]	x	x	x	Aufruf der Systemsteuerung von Windows
[Windows]+				Auf der internen Bildschirmlupe. Wird mit
[Plus-Taste]	x	x	x	[Windows] + [Esc] beendet.
[Windows]+[Strg]+				Zurück zur bisher genutzten
[Leertaste]	–	x	x	Eingabesprache
[Windows]+[T]	x	x	x	Wechsel zwischen den aktiven Tasks
				Startet das jeweilige Programm auf der
[Windows]+[Zahl]	x	x	x	Taskleiste
[Windows]+[Alt]+				Sprungliste des betreffenden Programms
[Zahl]	x	x	x	wird in der Taskleiste geöffnet
[Windows]+				Das betreffende Progamm (Zahl) wird in
[Umschalt]+[Zahl]	x	x	x	einer weiteren Instanz gestartet
[Esc]	x	x	x	Abbruch des aktuellen Vorganges
[Strg]+[Esc]	x	x	x	Das Startmenü von Windows aktivieren
				Aufruf unterschiedlicher Tasks (Sperren,
[Strg]+[Alt]+[Entf]	x	x	x	Benutzer wechseln, Task-Manager).
[Strg]+[Umschalt]+				
[Esc]	x	x	x	Startet den Taskmanager
[Alt]+[Umschalt links]				
+[Num]	x	x	x	Ein- und Ausschalten der Tastaturmaus
				Wechsel zwischen verschiedenen Sprachen
[Alt]+[Umschalt]	x	x	x	bei der Eingabe (Sonderzeichen!)

Windows und die wichtigsten Shortcuts 3

Tastenkombinationen für das Management von unterschiedlichen Fenstern unter Windows. Hier finden Sie die wichtigsten Shortcuts.

Management der Fenster

Shortcuts	Windows			Funktion
	7	8.1.	10	
[Windows]+[D]	x	x	x	Schaltet zwischen Anwendung und Desktop hinundher (mehrmaliges Ausführen)
[Windows]+[M]	x	x	x	Minimierung aller aktuellen Fenster
[Windows]+ [Umschalt]+[M]	x	x	x	Rückgängigmachen aller Minimierungen (Fenster)
[Alt]+[Leertaste]	x	x	x	Aufruf des Systemmenüs der aktiven Anwendung
[Alt]+[F4]	x	x	x	Das aktive Fenster wird geschlossen
[Windows]+[,]	–	x	x	Kurzer Blick auf den Deskop
[Windows] +[↑]	x	x	x	Fensterzustand von aktivem Fenster maximieren (minimiert / normal / maximiert durch mehrmaligen Shortcut)
[Windows]+[↓]	x	x	x	Fensterzustand von aktivem Fenster minimieren (maximiert / normal / minimiert durch mehrmaligen Shortcut)
[Windows]+[Pos1]	x	x	x	Es werden alle nicht aktiven Fenster minimiert
[Windows]+[←]	x	x	x	Verschieden des aktiven Fensters in die linke Bildschirmhälfte
[Windows]+[→]	x	x	x	Verschieden des aktiven Fensters in die rechte Bildschirmhälfte

Windows und die wichtigsten Shortcuts 4

Wechsel zwischen den Fenstern

Shortcuts	Windows 7	8.1.	10	Funktion
[Alt]+[Esc]	x	x	x	Wechsel zwischen allen geöffneten Fenstern
[Alt]+[Tab]	x	x	x	Umschalten zwischen den Fenstern mittels Übersichtsfenster
[Alt]+[Strg]+[Tab]	x	–	–	Umschalten zwischen den Fenstern mittels Übersichtsfenster
[Windows]+[Tab]	x	–	–	Wechsel zwischen allen geöffneten Fenstern
[Windows]+[Tab]	–	x	–	Wechsel zwischen aktiven Apps
[Windows]+[Tab]	–	–	x	Task View wir geöffnet (Übersicht der Task)
[Windows]+[Strg]+[D]	–	–	x	Erzeugt einen neuen virtuellen Desktop
[Windows]+[Strg]+[←]	–	–	x	Wechsel zwischen den aktiven virtuellen Desktops (nach Links)
[Windows]+[Strg]+[→]	–	–	x	Wechsel zwischen den aktiven virtuellen Desktops (nach Rechts)
[Windows]+[Strg]+[F4]	–	–	x	Beendet den aktuellen virtuellen Desktop

Screenshots erzeugen

Shortcuts	Windows 7	8.1.	10	Funktion
[Druck]	x	x	x	Der gesamte Desktop wird in die Zwischenablage kopiert (Screenshot)
[Alt]+[Druck]	x	x	x	Der Inhalt des aktiven Fensters wird in die Zwischenablage kopiert (Screenshot)
[Windows]+[Druck]	–	x	x	Erzeugter Screenshot wird im PNG-Format unter %userprofile%\Pictures\Screenshots abgelegt

Windows-Explorer und die wichtigsten Shortcuts 1

Der Windows-eigene Dateimanager bietet eine Fülle an Funktionen, die natürlich auch über verschiedene Tastenkombinationen abgerufen werden können. Hier finden Sie die wichtigsten Shortcuts.

Basisfunktionen

Shortcuts	Windows-Explorer 7	8.1.	10	Funktion
[F2]	x	x	x	Umbenennen eines markierten Objektes
[F3]	x	x	x	Spingt direkt zum Suchfeld unter dem Explorer
[F4]	x	x	x	wechselt zur Adresszeile
[F5]	x	x	x	Ansicht wird aktualisiert
[F11]	x	x	x	Umschalten in den Vollbildmodus
[Strg]+[E]	x	x	x	Spingt direkt zum Suchfeld unter dem Explorer
[Strg]+[D]	x	x	x	markiertes Objekt wird in den Papierkorb verschoben (Abfrage)
[Strg]+[N]	x	x	x	Ein identisches Explorer-Fenster wird geöffnet (gleicher Plad)
[Strg]+[W]	x	x	x	Es wird das aktive Explorer-Fenster geschlossen
[Strg]+[Umschalt]+[N]	–	x	x	Es wird ein neuer Ordner im aktuellen Verzeichnis angelegt
[Strg]+[Umschalt]+[Zahl]	–	x	x	Welchsel der Ansichten (Zahl 1-8)
[Strg]+[Mausrad]	x	x	x	Wechsel zwischen den verschiedenen Ansichten

Windows-Explorer und die wichtigsten Shortcuts 2

Basisfunktionen

Shortcuts	7	8.1.	10	Funktion
Windows-Explorer				
[Alt]+[Umschalt]+[P]	x	x	x	Ein- und Ausschalten der Detailansicht
[Alt]+[P]	x	x	x	Ein- und Ausschalten der Vorschauansicht
[Alt]+[Enter]	x	x	x	Anzeige der Eigenschaften des markierten Objektes
[Alt]+[Oben]	x	x	x	Wechsel in den nächst höheren Ordner. (Pfeiltaste)
[Alt]+[Links]	x	x	x	Wechsel in den zu zuletzt besuchten Ordner (Pfeiltaste)
[Alt]+[Rechts]	x	x	x	Rücksprung in den zu zuletzt besuchten Ordner über [Alt] + [Links]. (Pfeiltaste)
[Alt]+[Return]	x	x	x	Eigenschaften des markiertes Objektes
[Alt]+[A]+[O]	x	x	x	Objekte sortieren nach ...
[Alt]+[A]+[L]	x	x	x	Auswahl der Ansichten aufrufen
[Entf]	x	x	x	markiertes Objekt wird in den Papierkorb verschoben (Abfrage)
[Umschalt]+[Entf]	x	x	x	Markiertes Element wird unwiderruflich gelöscht (Abfrage). Es wird nicht in den Papierkorb geschoben
[Return]	x	x	x	Öffnet den markierten Ordner
[Leertaste]	x	x	x	Einfacher Mausklick
[Windows]+[E]	x	x	x	Es wird ein neues Explorer-Fenster geöffnet
[Shift]+[F10]	x	x	x	Öffnet das Kontextmenü (identisch mit rechtem Mausklick)

Editor unter Windows und die wichtigsten Shortcuts

Der altgediente Editor unter Windows gehört bereits seit vielen Versionen von Windows zur Standardinstallation. Mit dem kleinen Hilfsprogramm lassen sich unterschiedliche Dateien schnell und effektiv öffnen. Hier finden Sie die wichtigsten Shortcuts.

Editor unter Windows

Shortcuts	7	8.1.	10	Funktion
[F3]	x	x	x	Suche fortsetzen
[F5]	x	x	x	Einfügen von Uhrzeit und Datum an der markierten Stelle im Inhalt
[Alt]+[A]	x	x	x	Registrierkarte "Ansicht" öffnen
[Alt]+[B]	x	x	x	Registrierkarte "Bearbeiten" öffnen
[Alt]+[D]	x	x	x	Registrierkarte "Datei" öffnen
[Alt]+[O]	x	x	x	Registrierkarte "Format" öffnen
[Alt]+[A]	x	x	x	Registrierkarte "Ansicht" öffnen
[Strg]+[A]	x	x	x	Markieren des gesamten Inhalts
[Strg]+[C]	x	x	x	Kopieren eines markierten Inhalts (in die Zwischenablage)
[Strg]+[D]	x	x	x	Drucken des Inhalts
[Strg]+[F]	x	x	x	Aufruf der Suchfunktion
[Strg]+[G]	x	x	x	Wechseln zu einer bestimmten Zeile
[Strg]+[H]	x	x	x	Aufruf der Funktion zum Ersetzen von Inhalten
[Strg]+[N]	x	x	x	Neue Datei anlegen
[Strg]+[O]	x	x	x	Öffnen einer bestehenden Datei
[Strg]+[S]	x	x	x	Datei abspeichern
[Strg]+[V]	x	x	x	Inhalt aus der Zwischenablage einfügen
[Strg]+[X]	x	x	x	Markierter Inhalt ausschneiden
[Strg]+[Z]	x	x	x	Letzter Arbeitsschritt zurücksetzen
[Entf]	x	x	x	Löschen eines markierten Inhalts

Rechner unter Windows und die wichtigsten Shortcuts

Der virtuelle Taschenrechner unter Windows ist schon seit Jahren für viele Nutzer ein bekannter Begleiter. Dabei erhielt das beliebte Werkzeug einen ständig wachsenden Funktionsumfang. Hier finden Sie die wichtigsten Shortcuts.

Rechner unter Windows

Shortcuts	7	8.1	10	Funktion
[Alt]+[1]	x	x	x	Aufruf Standardanzeige
[Alt]+[2]	x	x	x	Aufruf der wissenschaftlichen Anzeige
[Alt]+[3]	x	x	x	Anruf der Programmierer-Anzeige
[Alt]+[4]	x	x	x	Umschaltung auf die Datumsberechnung
[Strg]+[E]	x	x	x	Umschaltung auf die Datumsberechnung
[F9]	x	x	x	Auswahl der Schaltfläche "+/-"
[Esc]	x	x	x	Auswahl der Schaltfläche "C"
[Entf]	x	x	x	Auswahl der Schaltfläche "CE"
[=]	x	x	x	Auswahl der Schaltfläche "−"
[ı]	x	x	x	Auswahl der Schaltfläche "+"
[-]	x	x	x	Auswahl der Schaltfläche "-"
[*]	x	x	x	Auswahl der Schaltfläche "x"
[@]	x	x	x	Aufruf der Wurzelfunktion
[%]	x	x	x	Druck auf die Schaltfläche "%"
[R]	x	x	x	Auswahl der Schaltfläche "1/x"
[0-9]	x	x	x	Auswahl der Zifferntasten 0-9
[Strg]+[Q]	x	x	x	Auswahl der Schaltfläche "M-"
[Strg]+[P]	x	x	x	Auswahl der Schaltfläche "M+"
[Strg]+[M]	x	x	x	Auswahl der Schaltfläche "MS"
[Strg]+[R]	x	x	x	Auswahl der Schaltfläche "MR"
[Strg]+[L]	x	x	x	Auswahl der Schaltfläche "MC"
[Strg]+[H]	x	x	x	Verlauf der Berechnungen

Wordpad und die wichtigsten Shortcuts

Die integrierte Textverarbeitung von Windows bietet diverse Funktionen, die für das schnelle Verfassen von einfachen Texten perfekt geeignet sind. Hier finden Sie die wichtigsten Shortcuts.

Shortcuts	WordPad			Funktion
	7	8.1	10	
[Alt]+[D]	x	x	x	Sprung zur ersten Registerkarte "Datei" (allgemeine Informationen)
[Alt]+[R]	x	x	x	Sprung zur ersten Registerkarte "Start" (Formatierungen)
[Alt]+[A]	x	x	x	Sprung zur ersten Registerkarte "Ansicht"
[Alt]+[2]	x	x	x	Rücknahme des letzten Befehls
[Alt]+[3]	x	x	x	Wiederholung des letzten Befehls
[Alt]+[F4]	x	x	x	Schließen von WordPad
[Strg]+[A]	x	x	x	Markieren des gesamten Inhaltes
[Strg]+[P]	x	x	x	Drucken der Datei
[Strg]+[F1]	x	x	x	Aus- und Einschalten der Menüleiste
[Alt]+[F10]+[1]	x	x	x	Speichern der aktuellen Datei
[Umschalt]+[F10]	x	x	x	Aus- und Einschalten des Kontextmenüs

Paint und die wichtigsten Shortcuts 1

Wer hat nicht schon einmal zu der integrierten Grafik-Software von Windows gegriffen. Mit Paint lassen sich Grafiken mit wenigen Handgriffen bearbeiten. Hier finden Sie die wichtigsten Shortcuts.

Shortcuts	7	8.1	10	Funktion
[Alt]+[D]	x	x	x	Sprung zur ersten Registerkarte "Datei" (allgemeine Informationen)
[Alt]+[D]+[N]	x	x	x	Neue Datei öffnen
[Alt]+[D]+[F]	x	x	x	Ein vorhandenes Bild aufrufen
[Alt]+[D]+[S]	x	x	x	Speichern des aktuellen Bildes
[Alt]+[D]+[U]	x	x	x	Aktuelles Bild unter einem neuen Namen abspeichern
[Alt]+[D]+[H]	x	x	x	Aktuelles Bild unter einem neuen Namen abspeichern (unterschiedliche Formate)
[Alt]+[D]+[D]	x	x	x	Aktuelles Bild drucken
[Alt]+[D]+[C]	x	x	x	Aktuelles Bild drucken (unterschiedliche Druckoptionen)
[Alt]+[D]+[V]	x	x	x	Aufruf Dialogfenster "Scanner oder Kamera"
[Alt]+[D]+[M]	x	x	x	Aufruf Dialogfenster "In E-Mail senden"
[Alt]+[D]+[O]	x	x	x	Aktuelle Datei als Desktop-Hintergrund festlegen
[Alt]+[D]+[R]	x	x	x	Aktuelle Datei als Desktop-Hintergrund festlegen (unterschiedliche Optionen)
[Alt]+[D]+[E]	x	x	x	Aufruf des Dialogfensters "Bildeigenschaften" (aktuelles Bild)
[Alt]+[D]+[I]	x	x	x	Aufruf des Dialogfensters "Info"
[Alt]+[D]+[B]	x	x	x	Beenden der Anwendung "Paint"

Paint und die wichtigsten Shortcuts 2

Shortcuts	Paint unter Windows			Funktion
	7	8.1	10	
[F1]	x	x	x	Online-Hilfe aufrufen
[F11]	x	x	x	Wechsel in die Vollbild-Darstellung
[F12]	x	x	x	Speichern des aktuellen Bildes
[Strg]+[A]	x	x	x	Aktuelles Bild markieren
[Strg]+[B]	x	x	x	Fett-Darstellung eines markierten Textes
[Strg]+[C]	x	x	x	Kopieren eines markierten Inhalts (in die Zwischenablage)
[Strg]+[E]	x	x	x	Aufruf des Dialogfensters "Bildeigenschaften" (aktuelles Bild)
[Strg]+[G]	x	x	x	Ein- und Ausblenden der Gitternetzlinien
[Strg]+[I]	x	x	x	Kursiv-Darstellung eines markierten Textes
[Strg]+[N]	x	x	x	Ein neues Bild erstellen
[Strg]+[O]	x	x	x	Ein vorhandenes Bild aufrufen
[Strg]+[P]	x	x	x	Aktuelles Bild drucken
[Strg]+[R]	x	x	x	Ein- und Ausblenden des Linears
[Strg]+[S]	x	x	x	Speichern des aktuellen Bildes
[Strg]+[U]	x	x	x	Markierter Text unterstreichen
[Strg]+[V]	x	x	x	Inhalt aus der Zwischenablage einfügen
[Strg]+[W]	x	x	x	Dialogfeld „Größe ändern/Zerren" öffnen
[Strg]+[X]	x	x	x	Auswahl ausschneiden
[Strg]+[Y]	x	x	x	Letzten Befehl wiederholen
[Strg]+[Z]	x	x	x	Letzte Änderung rückgängig machen
[Alt]+[1]	x	x	x	Aktuelles Bild unter einem neuen Namen abspeichern
[Alt]+[2]	x	x	x	Letzte Änderung rückgängig machen
[Alt]+[3]	x	x	x	Letzten Befehl wiederholen
[Alt]+[D]	x	x	x	Sprung zur ersten Registerkarte "Datei" (allgemeine Informationen)
[Alt]+[R]	x	x	x	Sprung zur ersten Registerkarte "Start" (Formatierungen)
[Alt]+[A]	x	x	x	Sprung zur ersten Registerkarte "Ansicht"
[Alt]+[T]	x	x	x	Sprung zur ersten Registerkarte "Text"
[Alt]+[F4]	x	x	x	Aktuelles Bild speichern und schließen

Paint 3D und die wichtigsten Shortcuts

Der Nachfolger der bekannten Software Paint aus dem Hause Microsoft. Hier finden Sie die wichtigsten Shortcuts.

Shortcuts	7	8.1	10	Funktion
	Paint 3D unter Windows			
[Alt]+[F4]	–	–	x	Beenden des Programms
[Alt]+[2]	–	–	x	Aufruf der Funktion "2D-Formen"
[Alt]+[3]	–	–	x	Aufruf der Funktion "3D-Formen"
[Alt]+[A]	–	–	x	Aufruf der Funktion "Pinsel"
[Alt]+[C]	–	–	x	Aufruf der Funktion "Zeichenbereich"
[Alt]+[E]	–	–	x	Aufruf der Funktion "3D-Remix"
[Alt]+[F]	–	–	x	Sprung zur ersten Registerkarte "Menü" (allgemeine Informationen)
[Alt]+[F]+[B]	–	–	x	Rücksprung aus der Menüfunktion
[Alt]+[F]+[N]	–	–	x	Aufruf der Funktion "Neues Bild"
[Alt]+[F]+[P]	–	–	x	Aufruf der Funktion "Druck"
[Alt]+[H]	–	–	x	Aufruf der Funktion "Verlauf"
[Alt]+[L]	–	–	x	Aufruf der Funktion "Effekte"
[Alt]+[M]	–	–	x	Beschriftung
[Alt]+[S]	–	–	x	Aufruf der Funktion "Pinsel"
[Alt]+[T]	–	–	x	Aufruf der Funktion "Text"
[Alt]+[V]	–	–	x	Inhalt aus der Zwischenablage einfügen
[Alt]+[Y]	–	–	x	Wiederholung der letzten Aktion
[Alt]+[Z]	–	–	x	Rücknahme der letzten Aktion
[Strg]+[Umschalt]+[C]	–	–	x	Erzeugen eines Screenshots
[Strg]+[3]	–	–	x	Wechsel zwischen den Ansichten
[Strg]+[C]	–	–	x	Kopieren des markierten Inhalts (in die Zwischenablage)
[Strg]+[V]	–	–	x	Inhalt aus der Zwischenablage einfügen
[Strg]+[X]	–	–	x	Ausschneiden des markierten Inhalts
[Strg]+[Y]	–	–	x	Wiederholung der letzten Aktion
[Strg]+[Z]	–	–	x	Rücknahme der letzten Aktion
[I]	–	–	x	Aufruf der Funktion "Pipette"
[M]	–	–	x	Ein- und Ausblenden des seitlichen Menüs
[F12]	–	–	x	Aktuelle Bild unter neuem Namen speichern

Word und die wichtigsten Shortcuts 1

Natürlich darf an dieser Stelle auch nicht die bekannte Textverarbeitung von Microsoft fehlen. Auch hier gibt es eine Vielzahl von Tastenkombinationen, um einzelne Funktionen aufzurufen. Wir haben uns auf die wichtigsten Shortcuts beschränkt. Hier finden Sie die wichtigsten Shortcuts.

Shortcuts	2010	2013	2016	2019	Funktion
[F1]	x	x	x	x	Aufruf des Office-Assistentens oder der Hilfefunktion
[F2]	x	x	x	x	Einmaliges Verschieben eines Textes oder einer Grafik
[F3]	x	x	x	x	Fügt einen AutoText-Eintrag ein
[F4]	x	x	x	x	Wiederholen des letzten Befehls
[F5]	x	x	x	x	Aufruf der Funktion "Geh zu"
[F6]	x	x	x	x	Zum nächsten Bereich wechseln
[F7]	x	x	x	x	Aufruf der Rechtschreibung
[F8]	x	x	x	x	Erweitert die aktuelle Markierung
[F9]	x	x	x	x	Aktualisiert das ausgewählte Feld
[F10]	x	x	x	x	Hierüber wird die Menüleiste aktiviert
[F11]	x	x	x	x	Zum nächsten Feld im Text springen
[F12]	x	x	x	x	Aufruf des Befehls "Speichern unter"
[Strg]+[C]	x	x	x	x	Kopieren des markierten Inhalts
[Strg]+[F]	x	x	x	x	Springt zur Suchfunktion
[Strg]+[G]	x	x	x	x	Dialogfenster "Gehe zu" Seite, Textmarke, Fußnote, Tabelle
[Strg]+[H]	x	x	x	x	Ersetzen" öffnen
[Strg]+[K]	x	x	x	x	Einfügen eines Hyperlinks
[Strg]+[N]	x	x	x	x	Neues Dokument wird geöffnet
[Strg]+[O]	x	x	x	x	Öffnen eines Dokuments
[Strg]+[S]	x	x	x	x	Speichern des aktuellen Dokuments
[Strg]+[V]	x	x	x	x	Einfügen des Inhalts aus der
[Strg]+[X]	x	x	x	x	Ausschneiden des markierten
[Strg]+[Y]	x	x	x	x	Wiederholung der letzten Aktion
[Strg]+[W]	x	x	x	x	Schließen des aktuellen Dokuments
[Strg]+[Z]	x	x	x	x	Rücknahme der letzten Aktion

Word und die wichtigsten Shortcuts 2

Wichtige Funktionen bei Word

Shortcuts	Word 2010	2013	2016	Funktion
[Strg]+[Tab]	x	x	x	Einfügen des Tabulatorzeichens an der aktuellen Textstelle
[Strg]+[P]	x	x	x	Drucken des aktuellen Dokuments
[Strg]+[Pos1]	x	x	x	Sprung auf die erste Seite der jeweiligen Seitenansicht
[Strg]+[Ende]	x	x	x	Sprung auf die letzte Seite der jeweiligen Seitenansicht
[Entf]	x	x	x	Entfernen des markierten Bereiches
[Alt]+[F]	x	x	x	Sprung zur ersten Registerkarte "Ansicht"
[Alt]+[I]	x	x	x	Sprung zur ersten Registerkarte "Einfügen"
[Alt]+[M]	x	x	x	Sprung zur internen Hilfefunktion ("Was möchten Sie tun?")
[Alt]+[P]	x	x	x	Sprung zur ersten Registerkarte "Start"
[Alt]+[R]	x	x	x	Sprung zur ersten Registerkarte "Überprüfen"
[Alt]+[S]+[1]	x	x	x	Sprung zur ersten Registerkarte "Layout"
[Alt]+[S]+[2]	x	x	x	Sprung zur ersten Registerkarte "Referenzen"
[Alt]+[Ä]	x	x	x	Sprung zur ersten Registerkarte "Entwurf"
[Alt]+[Strg]+[S]	x	x	x	Teilung des aktuellen Dokumentenfensters
[Alt]+[Umschalt]+[C]	x	x	x	Aufheben der Teilung des Dokumentfensters
[Alt]+[Strg]+[D]	x	x	x	Einfügen einer Fußnote an dem Ende des Textes (Endnote)
[Alt]+[Strg]+[F]	x	x	x	Einfügen einer Fußnote an der aktuellen Textstellen
[Alt]+[Strg]+[G]	x	x	x	Aufruf der Ansicht Gliederung
[Alt]+[Strg]+[I]	x	x	x	Wechsel in die Druckvoransicht
[Alt]+[Strg]+[L]	x	x	x	Aufruf der Ansicht Drucklayout
[Alt]+[Strg]+[N]	x	x	x	Aufruf der Ansicht Entwurf
[Alt]+[Strg]+[Y]	x	x	x	Aufruf des Suchvorganges innerhalb eines Textes
[Alt]+[P]+[7]	x	x	x	Aufruf der Rechtschreibefunktion
[Alt]+[P]+[T]	x	x	x	Aufruf der Thesaurus-Funktion
[Alt]+[P]+[W]	x	x	x	Funktion "Wort zählen" aufrufen

Word und die wichtigsten Shortcuts 3

Textformatierung

Shortcuts	Word 2010	2013	2016	Funktion
[Pos1]	x	x	x	Sprung zum Anfang einer Textzeile
[Ende]	x	x	x	Sprung zum Ende einer Textzeile
[Shift]+[Pos1]	x	x	x	Markierung von der Curser-Position bis zum Anfang die Textzeile
[Shift]+[Ende]	x	x	x	Markierung von der Curser-Position bis zum Ende die Textzeile
[Strg]+[F9]	x	x	x	Einfügen eines Feldes
[Strg]+[Enter]	x	x	x	Einfügen eines Seitenumbruches
[Umschalt]+[Enter]	x	x	x	Einfügen eines Zeilenumbruches
[Strg]+[Bindestrich]	x	x	x	Einfügen eines bedingten Bindestrichs
[Strg]+[Umschalt]+[-]	x	x	x	Einfügen eines geschützten Trennstrichs
[Strg]+[Umschalt]+[Leertaste]	x	x	x	Einfügen eines geschützten Leerzeichens
[Strg]+[Umschalt]+[C]	x	x	x	Kopieren der Formatierung des markierten Textes
[Strg]+[Umschalt]+[D]	x	x	x	Doppeltes Unterstreichen des markierten Textes
[Strg]+[Umschalt]+[F]	x	x	x	Zuweisen der Formatierung "Fett"
[Strg]+[Umschalt]+[G]	x	x	x	Änderung der Groß- und Kleinschreibung bei dem markierten Text
[Strg]+[Umschalt]+[H]	x	x	x	Zuweisen der Formatierung
[Strg]+[Umschalt]+[K]	x	x	x	Zuweisen der Formatierung "Kursiv"
[Strg]+[Umschalt]+[U]	x	x	x	Unterstreichen des markierten Textes
[Strg]+[Umschalt]+[V]	x	x	x	Einfügen der kopierten Formatierung
[Strg]+[Umschalt]+[W]	x	x	x	Unterstreichen nur von Worten, Leerstellen werden ausgelassen
[Strg]+[Backspace]	x	x	x	Löscht das Wort links neben dem Cursor
[Strg]+[Entf]	x	x	x	Löscht das Wort rechts neben dem Cursor
[Strg]+[D]	x	x	x	Aufruf des Dialogfensters "Schriftart"

Word und die wichtigsten Shortcuts 4

Textformatierung

Shortcuts	Word 2010	2013	2016	Funktion
[Alt]+[Strg]+[C]	x	x	x	Einfügen des Copyright-Symbols
[Alt]+[Strg]+[R]	x	x	x	Einfügen des Symbols für eingetragene Marke
[Alt]+[Strg]+[T]	x	x	x	Einfügen des Markensymbols
[Umschalt]+[F1]	x	x	x	Ansicht der vorhandenen Formatierungen
[Umschalt]+[F3]	x	x	x	Schrittweise Änderung der Groß- und Kleinschreibung bei dem markierten Text
[Strg]+[Umschalt]+[>]	x	x	x	Markierter Text wird um einen Schriftgrad vergrößert
[Strg]+[<]	x	x	x	Markierter Text wird um einen Schriftgrad verkleinert
[Strg]+[1]	x	x	x	Einfügen des einfachen Zeilenabstandes
[Strg]+[2]	x	x	x	Einfügen des doppelten Zeilenabstandes
[Strg]+[5]	x	x	x	Einfügen des 1,5-fachen Zeilenabstandes
[Strg]+[8]	x	x	x	Markierter Text wird um einen Schriftgrad verkleinert
[Strg]+[9]	x	x	x	Markierter Text wird um einen Schriftgrad vergrößert
[Strg]+[B]	x	x	x	Ausrichtung eines Absatzes im Blocksatz
[Strg]+[E]	x	x	x	Zentrierung eines Absatzes
[Strg]+[L]	x	x	x	Linksbündige Ausrichtung eines Absatzes
[Strg]+[M]	x	x	x	Linksseitiger Einzug eines Absatzes
[Strg]+[Umschalt]+[M]	x	x	x	Entfernen eines Absatzeinzugs von links
[Strg]+[R]	x	x	x	Rechtsbündige Ausrichtung eines Absatzes
[Strg]+[T]	x	x	x	Erstellung eines hängenden Einzugs
[Strg]+[Umschalt]+[T]	x	x	x	Zurücksetzen eines hängenden Einzugs
[Strg]+[Umschalt]+[N]	x	x	x	Zuweisung der Formatvorlage "Standard"
[Alt]+[1]	x	x	x	Zuweisung der Überschriften-Formatvorlage "Überschrift 1"
[Alt]+[2]	x	x	x	Zuweisung der Überschriften-Formatvorlage "Überschrift 2"
[Alt]+[3]	x	x	x	Zuweisung der Überschriften-Formatvorlage "Überschrift 3"

Excel und die wichtigsten Shortcuts 1

Natürlich bietet auch die bekannte Tabellenkalkulation aus dem Hause Microsoft ebenfalls eine Vielzahl von Tastenkombinationen. Hier finden Sie die wichtigsten Shortcuts.

Shortcuts	Excel 2010	2013	2016	Funktion
[F1]	x	x	x	Aufruf des Office-Assistentens oder der Hilfefunktion
[Strg]+[C]	x	x	x	Kopieren des markierten Inhalts in die Zwischenablage
[Strg]+[F]	x	x	x	Springt zur Suchfunktion
[Strg]+[G]	x	x	x	Dialogfenster "Gehe zu"
[Strg]+[H]	x	x	x	öffnen
[Strg]+[N]	x	x	x	Neues Dokument wird geöffnet
[Strg]+[O]	x	x	x	Öffnen einer Arbeitsmappe
[Strg]+[S]	x	x	x	Speichern der aktuellen Arbeitsmappe
[Strg]+[V]	x	x	x	Einfügen des Inhalts aus der
[Strg]+[X]	x	x	x	Ausschneiden des markierten Inhalts
[Strg]+[Y]	x	x	x	Wiederholung der letzten Aktion
[Strg]+[W]	x	x	x	Schließen der aktuellen Arbeitsmappe
[Strg]+[Z]	x	x	x	Rücknahme der letzten Aktion
[Strg]+[1]	x	x	x	Markierte Zelle formatieren
[Strg]+[9]	x	x	x	Markierte Zelle ausblenden
[Strg]+[Umschalt]+[F]	x	x	x	Inhalt der markierten Zelle auf fett
[Entf]	x	x	x	Entfernen eines Zelleninhalts oder des markierten Bereiches

Excel und die wichtigsten Shortcuts 2

Shortcuts	Excel 2010	2013	2016	Funktion
[Alt]	x	x	x	Einblenden der verfügbaren Tastenkombinationen auf der jeweiligen Ebene
[Alt]+[1]	–	–	x	Automatisches Speichern der aktuelle Datei, sofern dieses sich in der Cloud befindet
[Alt]+[1]	x	x	–	Speichern der aktuelle Tabelle
[Alt]+[2]	–	–	x	Speichern der aktuelle Tabelle
[Alt]+[2]	x	–	–	Rücknahme der letzten Aktivitäten unter Excel (Liste)
[Alt]+[3]	–	x	x	Rücknahme der letzten Aktivitäten unter Excel (Liste)
[Alt]+[3]	x	–	–	Wiederholung der letzten Aktivitäten unter Excel (Liste)
[Alt]+[4]	–	–	x	Wiederholung der letzten Aktivitäten unter Excel (Liste)
[Alt]+[D]	x	x	x	Sprung zur ersten Registerkarte "Datei" (allgemeine Informationen)
[Alt]+[F]	x	x	x	Sprung zur ersten Registerkarte "Ansicht"
[Alt]+[I]	x	x	x	Sprung zur ersten Registerkarte "Einfügen"
[Alt]+[M]	–	–	x	Sprung zur ersten internen Suchfunktion "Was möchten Sie tun?"
[Alt]+[M]	x	x		Sprung zur ersten Registerkarte "Formeln"
[Alt]+[O]	–	–	x	Sprung zur ersten Registerkarte "Formeln"
[Alt]+[P]	x	x	x	Sprung zur ersten Registerkarte "Überprüfen"
[Alt]+[R]	x	x	x	Sprung zur ersten Registerkarte "Start"
[Alt]+[S]	x	x	x	Sprung zur ersten Registerkarte "Seitenlayout"
[Alt]+[S]+[N]	x	x	x	Sprung ins Seitenlayout
[Alt]+[V]	x	x	x	Sprung zur ersten Registerkarte "Daten"

Excel und die wichtigsten Shortcuts 3

Editieren von Zellen

Shortcuts	Excel 2010	2013	2016	Funktion
[Ctrl]+[.]	x	x	x	Einfügen des aktuellen Datums in die jeweilige Zelle
[Ctrl]+[Shift]+ [.]	x	x	x	Einfügen der aktuellen Uhrzeit in die jeweilige Zelle
[Ctrl]+[+]	x	x	x	Einfügen einer Zeile oder Spalte
[Ctrl]+[-]	x	x	x	Löschen einer Zeile oder Spalte
[F2]	x	x	x	Springt in de Editiermodus der aktuellen Zelle
[F4]	x	x	x	Zurücksetzen der aktuellen Zelle
[Ctrl]+[F2]	x	x	x	Aufruf der Druckfunktion
[Alt]+[Enter]	x	x	x	Zeilenumbruch innerhalb der aktuellen Zelle
[Strg] +[Bild ↑]	x	x	x	Durchblttern der vorhandenen Registerblätter (rechts)
[Strg]+[Bild ↓]	x	x	x	Durchblttern der vorhandenen Registerblätter (links)
[Umschalt]+[F2]	x	x	x	Kommentar in die aktuelle Zelle einfügen
[Umschalt]+[F11]	x	x	x	Erstellen ein neues Tabellenblattes (Registerblatt)
[Strg]+[C]	x	x	x	Kopieren des markierten Inhalts (in die Zwischenablage)
[Strg]+[F]	x	x	x	Aufruf der Funktion "Suchen und Ersetzen"
[Alt]+[B]+[N]	x	x	x	Aufruf der Funktion "Suchen und Ersetzen"
[Strg]+[V]	x	x	x	Inhalt aus der Zwischenablage einfügen
[Strg]+[X]	x	x	x	Ausschneiden eines markierten Inhalts
[Strg]+[S]+[N]	x	x	x	Start einer neuen Tabelle

Powerpoint und die wichtigsten Shortcuts

Auch bei der Präsentationssoftware von Microsoft existieren diverse Tastenkombinationen, um die Arbeit deutlich zu erleichtern. Hier finden Sie die wichtigsten Shortcuts.

Shortcuts	PowerPoint 2010	2013	2016	Funktion
[Strg]+[N]	x	x	x	Neue Folie in die aktuelle Präsentation einfügen
[Strg]+[M]	x	x	x	Eine neue Präsentation beginnen
[Strg]+[O]	x	x	x	Neue Datei oder Präsentation öffnen
[Strg]+[A]	x	x	x	Alle Texte oder alle Objekte markieren
[Strg]+[S]	x	x	x	Datei oder aktuelle Präsentation speichern
[Strg]+[P]	x	x	x	Drucken
[Strg]+[P]	x	x	x	Während einer Präsentation den Mauszeiger in einen Stift verwandeln
[Strg]+[E]	x	x	x	Während einer Präsentation den Mauszeiger in einen Radierer verwandeln
[Strg]+[E]	x	x	x	Während einer Präsentation den Mauszeiger in einen Radierer verwandeln
[Strg]+[Y]	x	x	x	Den letzten Befehl rückgängig machen
[Strg]+[Z]	x	x	x	Den letzten Befehl wiederholen
[Strg]+[C]	x	x	x	Markiertes Objekt in die Zwischenablage kopieren
[Strg]+[D]	x	x	x	Markiertes Objekt duplizieren
[Strg]+[R]	x	x	x	Eintrag im Editor auf rechtsbündig setzen
[Strg]+[L]	x	x	x	Eintrag im Editor auf linksbündig setzen
[Strg]+[E]	x	x	x	Eintrag im Editor auf zentriert setzen
[Strg]+[V]	x	x	x	Kopiertes Objekt aus der Zwischenablage einfügen
[Strg]+[X]	x	x	x	Markiertes Objekt ausschneiden
[F5]	x	x	x	Präsentation mit der erste Folie starten
[B]	x	x	x	Bei laufender Präsentation den Bildschirm auf Schwarz schalten
[W]	x	x	x	Bei laufender Präsentation den Bildschirm auf Weiß schalten
[Tab]	x	x	x	Zum nächsten Objekt springen

Powerpoint und die wichtigsten Shortcuts

Textformatierung

Shortcuts	PowerPoint 2010	2013	2016	Funktion
[Strg]+[ß]	x	x	x	Schriftgrad von markiertem Text schrittweise verkleinern
[Strg]+[`]	x	x	x	Schriftgrad von markiertem Text schrittweise vergrößern
[Strg]+[+]	x	x	x	Markierten Text tiefstellen
[Strg]+[*]	x	x	x	Markierten Text hochstellen
[Strg]+[Umschalt]+[C]	x	x	x	Kopieren der Formatierung des markierten Textes
[Strg]+[Umschalt]+[D]	x	x	x	Doppeltes Unterstreichen des markierten Textes
[Strg]+[Umschalt]+[F]	x	x	x	Zuweisen der Formatierung "Fett"
[Strg]+[Umschalt]+[G]	x	x	x	Änderung der Groß- und Kleinschreibung bei dem markierten Text
[Strg]+[Umschalt]+[H]	x	x	x	Zuweisen der Formatierung
[Strg]+[Umschalt]+[K]	x	x	x	Zuweisen der Formatierung "Kursiv"
[Strg]+[Umschalt]+[U]	x	x	x	Unterstreichen des markierten Textes
[Strg]+[Umschalt]+[V]	x	x	x	Einfügen der kopierten Formatierung
[Strg]+[Umschalt]+[W]	x	x	x	Unterstreichen nur von Worten, Leerstellen werden ausgelassen

Netflix unter Windows und die wichtigsten Shortcuts

Wer den bekannten Streamingdienst unter Windows betreibt, dem stehen auch einige ausgewählte Tastenkombinationen zur Verfügung. Hier finden Sie die wichtigsten Shortcuts.

Netflix unter Windows

Shortcuts	7	8.1	10	Funktion
[F]	x	x	x	Wechsel zur Vollbildansicht
[Esc]	x	x	x	Abbruch der Vollbildansicht
[Leertaste]	x	x	x	Pause bei der Wiedergabe
[Return]	x	x	x	Wechsel zwischen Wiedergabe und Pause
[M]	x	x	x	Stummschaltung ein- und ausschalten
[Pfeil nach oben]	x	x	x	Lautstärke erhöhen
[Pfeil nach unten]	x	x	x	Lautstärke senken
[Umschalt]+ [Pfeil nach links]	x	x	x	Zurückspulen
[Umschalt]+ [Pfeil nach rechts]	x	x	x	Schneller Vorlauf
[F5]	x	x	x	Bildschirm aktualisieren
[Ctrl]+[Shift]+[Alt]+[D]	x	x	x	Aufruf der aktuellen Übertragungsdaten
[Ctrl]+[Shift]+[Alt]+[S]	x	x	x	Einstellung der Audio- und Video Bitrate
[Ctrl]+[Shift]+[Alt]+[L]	x	x	x	Anzeige der Datenübertragung im Detail

Eigene Shortcuts notieren

Sonderzeichen unter Windows (Teil 1)

Sonderzeichen stellen auf einem Rechner eine Besonderheit dar. Sie sind in den meisten Fonts vorhanden, sind allerdings nicht direkt über eine klassische Tastatur zu erreichen. Hier sind nur @, € und µ in Kombination mit der AltGr-Taste verfügbar. Doch es gibt eine wesentlich größere Anzahl an mathematischen und typografischen Sonderzeichen. Diese Werten jeden Text deutlich auf und helfen bei der deutlich besseren Erläuterung von unterschiedlichen Themen. Leider ist es immer etwas umständlich, das passende Sonderzeichen zu finden. Dabei existieren unterschiedliche Wege, wie Sie das richtige Sonderzeichen in einem Text oder in einem Editor platzieren.

Direkte Eingabe

Die einfachste Form ist die Eingabe über die eigene Tastatur. Dazu muss dauerhaft die Alt-Taste gedrückt bleiben. Parallel dazu geben Sie einen mehrstelligen Zahlencode über die jeweiligen Tasten ein. Problem dabei ist: Sie müssen den richtigen Zahlencode zu dem Sonderzeichen kennen.

Hier folgen die wichtigsten Sonderzeichen in der Übersicht:

Code	Zeichen	Code	Zeichen	Code	Zeichen	Code	Zeichen
32		60	<	88	X	116	t
33	!	61	=	89	Y	117	u
34	"	62	>	90	Z	118	v
35	#	63	?	91	[	119	w
36	$	64	@	92	\	120	x
37	%	65	A	93	]	121	y
38	&	66	B	94	^	122	z
39	'	67	C	95	_	123	{
40	(	68	D	96	`	124		
41	)	69	E	97	a	125	}
42	*	70	F	98	b	126	~
43	+	71	G	99	c	127	DEL
44	,	72	H	100	d	0	0
45	-	73	I	101	e	128	Ç
46	.	74	J	102	f	129	ü
47	/	75	K	103	g	130	é
48	0	76	L	104	h	131	â
49	1	77	M	105	i	132	ä
50	2	78	N	106	j	133	à
51	3	79	O	107	k	134	å
52	4	80	P	108	l	135	ç
53	5	81	Q	109	m	136	ê
54	6	82	R	110	n	137	ë
55	7	83	S	111	o	138	è
56	8	84	T	112	p	139	ï
57	9	85	U	113	q	140	î
58	:	86	V	114	r	141	ì
59	;	87	W	115	s	142	Ä

Sonderzeichen (Teil 2)

Weitere Sonderzeichen und die dazugehörigen Codes:

Code	Zeichen	Code	Zeichen	Code	Zeichen	Code	Zeichen
143	Å	171	½	199	Ã	227	Ò
144	É	172	¼	200	╚	228	õ
145	æ	173	¡	201	╔	229	Õ
146	Æ	174	«	202	╩	230	µ
147	ô	175	»	203	╦	231	þ
148	ö	176	░	204	╠	232	Þ
149	ò	177	▒	205	═	233	Ú
150	û	178	▓	206	╬	234	Û
151	ù	179	│	207	¤	235	Ù
152	ÿ	180	┤	208	ð	236	ý
153	Ö	181	Á	209	Ð	237	Ý
154	Ü	182	Â	210	Ê	238	¯
155	ø	183	À	211	Ë	239	´
156	£	184	©	212	È	240	
157	Ø	185	╣	213	ı	241	±
158	×	186	║	214	Í	242	‗
159	ƒ	187	╗	215	Î	243	¾
160	á	188	╝	216	Ï	244	¶
161	í	189	¢	217	┘	245	§
162	ó	190	¥	218	┌	246	÷
163	ú	191	┐	219	█	247	¸
164	ñ	192	└	220	▄	248	°
165	Ñ	193	┴	221	¦	249	¨
166	ª	194	┬	222	Ì	250	·
167	º	195	├	223	▀	251	¹
168	¿	196	─	224	Ó	252	³
169	®	197	┼	225	ß	253	²
170	¬	198	ã	226	Ô	254	■

Hinweis: Die Sonderzeichen sind in der Regel in jedem Zeichensatz enthalten. Darüber finden Sie noch weitere Zeichen in den einzelnen Fonts.

Aufruf über die Zeichentabelle von Windows

Wer sich die einzelnen Sonderzeichen nicht merken kann, greift alternativ zu der Zeichentabelle unter Windows. Diese ist in jedem Windows-System, unabhängig von der jeweiligen Version, frei verfügbar. Der wesentliche Vorteil dabei ist, dass Sie jede auf ihrem Rechner verfügbare Schriftart auswählen können und die darin enthaltenen Sonderzeichen auswählen können.

Abb.: Die Zeichentabelle unter Windows

Die Zeichentabelle finden Sie unter folgenden Menüpunkten bei Windows: „Start", „Alle Programme", „Zubehör", „Systemprogramme", „Zeichentabelle". Alternativ geben Sie im Suchfeld den Begriff "charmap" oder „Zeichentabelle" ein.

Emoticons - Gefühle auf den Punkt gebracht

Ob in E-Mails oder in sozialen Medien, überall treffen Sie immer wieder auf die berühmten „Smileys". Kleine stilisierte Gesichter aus einfachen Zeichenkombinationen sagen oft mehr als 1000 Worte. Dabei vermitteln Sie im elektronischen Austausch Gefühle oder einen bestimmten Unterton.

Die Idee dabei ist denkbar ein. Im normalen Leben sitzen sich zwei Gesprächspartner gegenüber. Beim direkten elektronischen Dialog bekommen Sie leider nichts von der Mimik und Gestik ihres Gegenübers mit. Hier kommen nun die Emoticons (eine Kombination aus Emotionen und Icons) ins Spiel. Mit nur einem Doppelpunkt, einem Minuszeichen und einer Klammer signalisieren Sie Ihrem Gesprächspartner am anderen Ende der Leitung, dass Sie gut drauf sind :-)

Emoticons (1)

Hier nun eine kleine Auswahl von Emoticons. Denn längst reichen einige „Gesichter" nicht mehr aus, um die ganze Bandbreite der Gefühlsregungen im elektronischen Gespräch zu übermitteln:

:-)	Lachen. Es geht Ihnen einfach gut
;-)	Zwinkerndes Lachen. Es ist nicht alles so ernst gemeint.
:-))	Verstärktes Lachen. Steigerung :-)))
:-(	Traurig, verärgert oder schlecht gelaunt
:-C	Total schlecht gelaunt
:-I	Gleichgültigkeit
:->	Sarkastisch
>:->	Boshaft, teuflisch
>;->	Teuflisches Lachen mit einem Augenzwingern
:-o	Ihn steckt der Schreck in den Gliedern
:-D	Lautes Lachen
:-x	Kuss
:-X	Verschwiegen wie ein Grab
(-:	User ist Linkshänder
%-)	Zu lange am Bildschirm
:*)	User ist betrunken
[:]	User ist ein Roboter
8-)	User tragt Sonnenbrille
B:-)	User trägt Brille auf dem Kopf
::-)	User ist Brillenträger
B-)	User trägt Hornbrille
8:-)	User ist ein kleines Mädchen
:-)-8	User ist ein großes Mädchen
:-{)	User trägt Schnurbart
:-{}	User benutzt Lippenstift

Emoticons (2)

{:-)	User trägt Toupet
}:-(	Toupet fliegt weg
:-[	User ist ein Vampire
:-E	Vampire mit starken Schneidezähnen
:-F	Vampire mit Zahnlücke
:-7	User macht eine wirre Aussage
:-)~	User spuckt
:-~)	User ist erkältet
:'-(	User weint
:'-)	User ist so glücklich, dass er weint
:-@	User hat den Mund voll
:-#	User trägt eine Zahnspange
:^)	User hat eine gebrochene Nase
:v)	User hat eine andere gebrochene Nase
:_)	User ruscht die Nase aus dem Gesicht
:-&	User ist verzweifelt
=:-)	User ist ein Pferdekopf
-:-)	User ist ein Punker
-:-(	Kein richtiger Punker
:=)	User hat eine riesige Nase
+-:-)	User ist der Papst
`:-)	User hat sich die Braue abrasiert
,:-)	Die andere Augenbraue fehlt
|-I	User schläft
|-O	User schnarcht
:-Q	User ist ein Raucher

Emoticons (3)

:-?	User raucht eine Pfeife
O-)	Megaton Man On Patrol! oder Taucher
O :-)	User ist ein Engel
:-P	Bääähh!
:-D	User lacht über Sie!
<|-)	User ist ein Chinese
<|-(	User ist eine Chinese und mag diese Witze nicht
:-/	User ist skeptisch
C=:-)	User ist der Chef
@=	User ist ein Mutant
*<:-)	User ist der Weihnachtsmann
:-o	Uh oh!
*:o)	User ist ein Clown
3:]	Tierisches Lachen
d8=	Mountain Biker mit Helm und Brille
:-9	User leckt sich die Lippen
-6%	User liegt in Koma
[:-)	User hört Walkman
(:l	User ist ein Eierkopf
@:-)	User trägt ein Turban
:-0	User gähnt
:-:	User ist ein Mutant und lacht. Unsichtbarer User
.-)	User hat nur ein Auge
,-)	Ditto.,. aber er zwinkert
X-(	User ist tot

Emoticons (4)

:)	Fröhlich
:>	Was?
:D	Lacher
:I	Hmmm ...
:(	Traurig
:[	Wirklich am Boden zerstört
:O	Gröhlen
:,(	Schreien
:*	Küssen
|^o	Schnarchen
:-%	Lachen eines Bankers
8-)	Lachender Schwimmer
:-*	Etwas Bitteres essen Lachen des unsichtbaren Mannes
=:-)	Lachender Punkrocker
=:-(	Der wahre Punker (lacht nicht)
+:-)	Lachender Priester
{:-)	Mittelscheitel
:-:	Mutant
.-\	Unentschlossenes Lächeln
:-|	Allerweltslachen
;-)	winking smiley
:-<	Trauriges Lachen
:-x	Meine Lippen sind versiegelt
:v)	left-pointing nose smiley
:-b	left-pointing tongue smiley
:-?	Lachender Pfeifenraucher
.-]	Einäugiger
,-}	Weinen
0-)	Lachender Taucher
:-=)	Alter Mann mit Schnurrbart
:u)	Lachen mit komischer Nase
:-)	Ha Ha

Typischer CyberSLANG

In sozialen Netzwerken, im Mail-Versand oder in Chat-Lösungen finden Sie immer wieder eine Vielzahl von Abkürzungen. Die Anwender haben mittlerweile einen eigenen Code entwickelt, der Zeit spart und für jeden ambitionierten Hacker zum täglichen Handwerkszeug gehört:

AAMOF	As a matter of fact / Tatsächlich ...
AND	Any Day Now/ In den nächsten Tagen...
AFAIK	As Far As I Know/ Soweit ich weiss..
AFK	Away from Keyboard/ Bin nicht an der Tastatur
ASAP	As Soon As Possible/ So schnell wie möglich
BBL	Be back later/Bin später wieder da
BG	Big grin / Breites Grinsen
BFN	Bye For Now / Erstmal Tschüß!
BK	Because / weil ...
BRB	Be right back / Bin gleich wieder da
BOT	Back on topic / Zurück zum Thema
BTA	But Then Again / Dann allerdings wieder
BTW	By the way / Nebenbei gesagt
BYKT	But You Knew That / Aber das weisst du ja
CAD	Control-Alternate-Delete / STRG-ALT-ENTF
CMIIW	Correct Me If I'm Wrong / Korrigiert mich, falls ich mich irre
CU	See you/ Tschüss
CU2	See You, too / Ebenfalls Tschüss!
CUL8R	See you later/ Bis dann
D/L	Download/Runterladen
DOX	Documenation / Handbuch
EOD	End Of Discussion / Ende der Diskussion
EG	Evil grin / Teuflisches Grinsen
FYI	For your information / Zur Information
G	Grins / Ironische Bemerkung
GD&R	Grinning,ducking and running/Boshafter Kommentar
GFC	Go for coffee / Ich hole einen Kaffee
GOK	God Only Knows / Das weiss nur Gott
GPF	General Protection Failure / Allgemeine Schutzverletzung
HTH	Hope That Helps / Hoffe das hilft..

HSIK	How Should I Know / Woher soll ich das wissen?
IAC	In Any Case/Auf jeden Fall
IAE	In any event / Unter allen Umständen
IANAL	I am not a lawyer / Ich bin kein Fachmann, aber
IMHO	In my honest opinion / Also, ganz ehrlich ...
IMO	In my opinion / Meiner Meinung nach ...
INPO	In No Particular Order / In keiner speziellen Reihenfolge...
IOW	In other words / Anders ausgedrückt ...
LMAO	Laughing My A** Off / Lache mir den A... ab
LOL	Laughing Out Loud / Lache laut
NBD	No Big Deal / Kein große Ursache...
NFW	No F***** way / Keine v... Möglichkeit
NRN	No Reply Necessary / Keine Antwort noetig.
OIC	Oh, I see / Ach so ...
OTL	Out To Lunch / Bin beim Essen
OTOH	On the other hand / andererseits ...
PMETC	Pardon Me, Etc. / Entschuldigung usw.
PMJI	Pardon my jumping in / Entschuldigung, wenn ich reinplatze
RTFM	Read that f*cking manual / Kraftausdruck für dumme Fragen
ROTFL	Rolling on the floor and laughing / Vor Lachen auf dem Boden rollen
RSN	Real Soon Now / Wirklich bald ...
SE	Special Edition
SITD	Still in the dark / Immer noch unklar..
SYT	Sweet Young Thing / Süßes junges Ding
TANJ	There Ain't No Justice/Es gibt keine Gerechtigkeit!
TE	Timed Edition/ Meist 30 Tage Test
THX	Thanks / Danke
TIA	Thanks in advance / Danke im Voraus
TINAR	This Is Not A Recommendation / Das ist keine Empfehlung
TTYL	Talk To You Later / Komme später wieder auf Dich zurück
TYVM	Thank You Very Much / Danke vielmals !
VBG	Very big grin/ Sehr breites Grinsen
WTH	What The H---/ Was zum Teufel..

Grundsätzliches zu einer Tastatur

Ein trauriges Kapitel Computergeschichte: die Tastatur. Sie ähnelt in der Regel immer noch der ursprünglichen Schreibmaschinentastatur. Die wurde aber dafür entworfen, zu funktionieren. Angenehmes Arbeiten für die Schreibkräfte hatte keiner im Sinn. So zwingt die Arbeit an der Tastatur in eine Zwangshaltung, die auf Dauer die Nacken- und Halsmuskulatur verkrampfen lässt.

Dabei gibt es bereitsHinweise der Arbeitsmediziner, wie sich Tastaturen besser an die menschliche Anatomie anpassen ließe. Deren Ansatzpunkt: Die Ellbogen stützen sich fest ab, damit die tragenden Muskelgruppen im Nacken und Hals entlastet werden. Aus dieser Position heraus können die Hände in zwei Kreisbögen bewegt werden - entlang dieser Linien sollten die Tasten angeordnet sein.

Eine zweite "natürliche" Bewegungsmöglichkeit der Hände zeigt sich beim beidhändigen Greifen einer schweren Vase. Auch diese Bewegung ist bei fest aufgestützten Ellenbogen möglich und dementsprechend bietet sich in der Mitte der Tastatur eine kegelförmige Erhebung an.

Mit solchen Tastaturen wurde schon vor längerer Zeit erfolgreich experimentiert. Sowohl gelernte Schreibkräfte als auch blutige Laien fanden derartige Tastaturen toll. Gegenüber dem Umgang mit gewöhnlichen Tastaturen waren die Versuchspersonen sogar schneller und schrieben fehlerfreier.

Die ersten ergonomischen Tastaturen sind auf den Markt

Der Haken an der Sache: Niemand hatte den Mut, solche Tastaturen in großem Stil zu vertreiben. Vielleicht haben die Marquardt-Tastatur und das Natural Keyboard von Microsoft da mehr Glück. Deren gegliederte, kühn geschwungene Tastatur entspricht dem natürlichen Bewegungsablauf mehr als die bisherigen "Bretter".

Bei allem Aufwand zur guten Ausgestaltung des Arbeitsplatzes bleibt intensives Arbeiten am Computer eine Belastung für den Körper. Etwas Gymnastik zwischendurch, zum Beispiel Kopf- und Schulterrollen sowie Greifübungen in die Luft nach oben und den Seiten ist entspannend und deshalb empfehlenswert.

Funktionsweise einer Tastatur

Jeder Rechner besitzt als wichtigstes Eingabegerät die Tastatur. Sie ist entweder frei platzierbar oder ein fester Bestandteil eines Terminals. Eine Standardtastatur besteht aus alphanumerischen Tasten, Spezial- und Funktionstasten, Tasten zur Steuerung des Cursors und dem Dezimalblock.

Die gängigste Ausprägung ist eine Tastatur mit Mikroschaltern. Hierbei berührt eine Metallzunge den darunterliegenden Funktionsschalter beim Drücken der Taste. Erfolgt keine Eingabe, verhindert eine Feder den Kontakt. Ist dieser jedoch durch Betätigen der Taste geschlossen, wird ein elektronisches Signal erzeugt.

Tastaturen mit berührungsfreien induktiven Schaltern arbeiten nach einem anderen Prinzip. In der Tastatur befindet sich eine Leiterplatte, die unter jeder Taste ein Loch mit einem Durchmesser von wenigen Millimetern. Um jedes Loch herum verläuft eine Leiterbahn, durch die ein Wechselstrom fließt. An der Unterseite der Tasten sind kleine Magnete befestigt. Sobald Sie eine Taste betätigen, gelangt der Magnet in die Bohrung, wodurch sich der Stromfluss in der Leiterbahn ändert. Ein integrierter Schaltkreis registriert die Änderung und erkennt so den Tastendruck.

Ein spezieller Chip wandelt dieses Signal in einen entsprechenden Code um. Über die Schnittstelle gelangt der Code in den Tastaturpuffer. Anschließend liest der Rechner die Informationen aus dem Puffer aus und verarbeitet diese weiter.

Wie hat Ihnen dieses Buch gefallen?

Unser kleines Team von Spezialisten ist bereits seit 1993 als Redaktionsbüro für die unterschiedlichsten Medien tätig. Bereits zu Beginn der Arbeit gehörte die Veröffentlichung von diversen Fachbüchern dazu.

Daher werden wir diesen Titel weiterhin pflegen und erweitern. Wir freuen uns über Ihre Meinung. Schreiben Sie uns an ebookguide@t-online.de oder an ebook@ebookblog.de mit dem Betreff „Shortcuts für Windows".

Weitere Titel und Angebote

An
An dieser Stelle haben wir einige Produkte zusammengestellt, die andere Käufer ebenfalls für interessant hielten. **Die Gesamtübersicht unter Streamingz finden Sie hier:**

Unser Tipp: Mein persönliches TV Serien-Tagebuch: Für ihre Lieblingsserien beim TV Streaming

Amazon Echo 2019 – der inoffizielle Ratgeber: Die besten Tipps zu ihrem Sprachassistenten. Alexa, Echo, Echo Dot, Skills und Smart Home

Ein Sprachassistent, der fast jedes Sprachkommando verarbeitet, sich einer künstlichen Intelligenz bedient und stetig erweitert werden kann, kannte man bisher nur aus Science-Fiction Filmen. Mit Alexa hat Amazon diesen Traum zur Marktreife gebracht. Alexa als übergreifendes System, dass cloudbasiert und geräteunabhängig funktioniert, damit ist Amazon ein echter „Wurf" gelungen.

Mit der Kombination aus der Sprachsoftware Alexa und dem Lautsprecher Echo präsentiert Amazon erstmals eine autarke Lösung, die unabhängig von einem Computer funktioniert. Mit dieser Verknüpfung hat das Unternehmen die Messlatte für die Konkurrenz deutlich höher gelegt. Zumal Alexa bereits nach kurzer Markteinführung erstaunliche Ergebnisse abliefert. Hier ist der dazu passende Ratgeber.

Amazon Echo 2019 – der inoffizielle Ratgeber: Die besten Tipps zu ihrem Sprachassistenten. Alexa, Echo, Echo Dot, Skills und Smart Home

ASIN (eBook): **B07L3ZQD1C**
Hinweis: Jetzt auch als Taschenbuch ISBN: **1791735002**

Fire TV Stick 4K – der inoffizielle Ratgeber: Die besten Tricks beim Streaming: Installation, Alexa, Apps, Musik, Games. Inkl. 333 Alexa-Kommandos

Mit dem neuen Fire TV Stick 4K ist Amazon ein echter Wurf gelungen. Zu einem wirklich günstigen Preis bietet der Streaming-Stick beste Qualität beim Streaming. Im Vergleich zum Vorgängermodell legt der neue Stick deutlich bei der Leistung zu und muss den Vergleich mit vergleichbaren Lösungen nicht scheuen. Erstmals bietet ein mobiler Stick somit Filme und Serien in bester Ultra HD-Qualität (4K). Zudem werden High Dynamic Range (HDR), Dolby Vision und Dolby Atmos unterstützt.

ASIN (ebook): **B07KRSFGG2**
Hinweis: Jetzt auch als Taschenbuch ISBN: **1790860807**

Die 555 wichtigsten Alexa Sprachbefehle: Die zentralen Anweisungen für den Sprachassistenten – Intelligenz aus der Cloud

Kennen Sie wirklich alle Sprachbefehle von Alexa? Hier gibt es die ultimative Übersicht! Was zunächst nur aus purer Neugier begann, endete nun in dieser umfangreichen Auflistung der wichtigsten Sprachbefehle. Zumal der Befehlssatz des virtuellen Helfers aktuell bereits einen beachtlichen Umfang angenommen hat. Es ist daher nicht immer einfach, die passenden Worte zu finden. Entsprechend ist es durchaus hilfreich, die wichtigsten Sprachbefehle nachzuschlagen!

ASIN (eBook) : **B076MKNDBB**
Hinweis: Jetzt auch als Taschenbuch ISBN: **1973548011**

Die 99 besten Alexa Skills: Die besten Erweiterungen für die Kommunikation mit Alexa – Wissen aus der Cloud

Amazons Alexa scheint aktuell das Maß aller Dinge zu sein, wenn es um einen sprachgesteuerten Assistenten geht. Dabei weist das System bereits zum jetzigen Zeitraum eine Fülle an Sprachbefehlen auf, die unterschiedlichste Themenbereiche abdecken. Dabei ist die Sprachfähigkeit von Alexa wirklich überzeugend. Bereits bei Lieferung zeigt Alexa auf den unterstützten Geräten beachtliche Ergebnisse.

Doch der Sprachassistent geht noch einen Schritt weiter. Um die vielfältigen Möglichkeiten von Alexa weiter auszuschöpfen, haben die Macher Alexa als offenes System konzipiert. Jeder Programmierer, der sich dazu befähigt sieht, kann über eine frei zugängliche Schnittstelle eigene Anwendungen für Alexa entwickeln und diese unter Amazon veröffentlichen. Das Ergebnis sind sogenannte Skills. Die hier vorgestellten Skills sind die eigentlichen Highlights bei Amazon und sollten auf jedem Alexa-Account zu finden sein. Natürlich ist dies eine rein subjektive Einschätzung der vorgestellten Skills. Dennoch bietet diese Sammlung von Skills zumindest einen ersten Anhaltspunkt für die persönliche Erweiterung von Alexa.

Die 99 besten Alexa Skills: Die besten Erweiterungen für die Kommunikation mit Alexa – Wissen aus der Cloud

ASIN (eBook): **B07P9VR15S**

Die 444 besten Easter Eggs von Alexa: Lustigste und tiefsinnige Antworten des Sprachassistenten – Humor aus der Cloud

Was haben eigentlich *Easter Eggs* (Ostereier) mit Alexa zu tun? Ähnlich wie bei Ostereiern, sind auch digitale Easter Eggs (lustige Gags, lustige Bemerkungen, witzige Zitate) im Inneren eines Systems versteckt. Man muss Sie suchen und entdecken. Jeder Anwender kennt sie von Google oder aus den unterschiedlichsten Computerprogrammen. Bei Alexa gibt es nur eine witzige Antwort zu entdecken.

Dabei ist es äußerst erstaunlich, mit wie viel Humor und Tiefgründigkeit der intelligente Sprachassistent daherkommt. Immer wieder stolpert der Anwender über durchaus witzige Antworten. Es ist es wirklich bemerkenswert, wie die Macher dem virtuellen Sprachassistenten so viel Menschliches einhauchen konnten. Auch wenn der Titel keinen tieferen Sinn verspürt, so macht es doch sehr viel Spaß, die Fähigkeiten und die damit verbundene Schlagfähigkeit des Sprachsystems zu ergründen.

Die 444 besten Easter Eggs von Alexa: Lustigste und tiefsinnige Antworten des Sprachassistenten – Humor aus der Cloud

ASIN (eBook): **B07583GZVV**
Hinweis: Jetzt auch als Taschenbuch – ISBN **197347848X**

Die Gesamtübersicht unter Streamingz finden Sie hier:

Hinweis in eigener Sache, Rechtliches, Impressum

Der vorliegende Titel wurde mit großer Sorgfalt erstellt. Dennoch können Fehler nicht vollkommen ausgeschlossen werden. Der Autor und das Team von **www.shortcuts24.de** übernehmen daher keine juristische Verantwortung und keinerlei Haftung für Schäden, die aus der Benutzung dieses E-Books oder Teilen davon entstehen. Insbesondere sind der Autor und das Team von **www.shortcuts24.de** nicht verpflichtet, Folge- oder mittelbare Schäden zu ersetzen.

Alle Warennamen werden ohne Gewährleistung der freien Verwendbarkeit benutzt und sind möglicherweise eingetragene Warenzeichen. Der Verlag richtet sich im Wesentlichen nach den Schreibweisen der Hersteller.

Cover-Foto: © Pixabay.com / Redaktionsbüro Lindo

Gewerbliche Kennzeichen- und Schutzrechte bleiben von diesem Titel unberührt.

Das Werk einschließlich aller Teile ist urheberrechtlich geschützt. Alle Rechte, auch die der Übersetzung, des Nachdrucks und der Vervielfältigung dieses Titels oder von Teilen daraus, verbleiben bei der W. LINDO Marketingberatung (Redaktionsbüro Lindo). Ohne die schriftliche Einwilligung der W. LINDO Marketingberatung (Redaktionsbüro Lindo) darf kein Teil dieses Dokumentes in irgendeiner Form oder auf irgendeine elektronische oder mechanische Weise für irgendeinen Zweck vervielfältigt werden.

Das vorliegende Buch ist ausschließlich für die eigene, private Verwendung bestimmt.

Facebook, Twitter und andere Markennamen, Warenzeichen, die in diesem E-Book verwendet werden, sind Eigentum Ihrer rechtmäßigen Eigentümer. Alle Warennamen werden ohne Gewährleistung der freien Verwendbarkeit benutzt und sind möglicherweise eingetragene Warenzeichen. Der Verlag richtet sich im Wesentlichen nach den Schreibweisen der Hersteller.

Vielen Dank

Wilfred Lindo

Internet: http://www.shortcuts24.de

Twitter: http://www.twitter.com/ebookguide

Facebook: https://www.facebook.com/streamingz.de

NEU: Die Seite zu den Shortcuts: www.shortcuts24.de

Herausgegeben von:

ebookblog.de / ebookguide.de

Redaktionsbüro Lindo

Dipl. Kom. Wilfred Lindo

12349 Berlin

© 2019 by Wilfred Lindo Marketingberatung / Redaktionsbüro Lindo

Produktion und -Distribution

Redaktionsbüro Lindo

Aktuelles zur Buch-Ausgabe

Eine Besonderheit dieses Buches ist die regelmäßige Weiterentwicklung. Mit neuen Updates bei den verschiedenen Plattformen kommen auch neue Funktionen und Anwendungen auf Sie zu. Daher erhalten Sie in regelmäßigen Abständen zu diesem Buchtitel ebenfalls entsprechende Updates. Dies gilt natürlich nur für die eBook-Ausgabe!

Bildnachweis

Bilder, die nicht gesondert aufgeführt werden, unterliegen dem Copyright des Autors.

Fotoquellen im Detail

https://pixabay.com/de/keyboard-tastatur-tasten-computer-943739/ (© TBIT)

https://pixabay.com/de/tastatur-qwertz-ubuntu-computer-147827/ (© OpenClipart-Vectors)

https://pixabay.com/de/maschine-drucken-schl%C3%BCssel-1639234/ (© Tomasz_Mikolajczyk)

Historie

Aktuelle Version 1.2